चींटी के संताप

(दोहा संग्रह)

गोविन्द सेन

विनय के लिए

क्रम-सूची

भूमिका

बरसों से मैं अपना दूसरा दोहा संग्रह लाने की सोच रहा था । चाहता था कि दोहे एक जिल्द में आ जाएँ । एक रूपरेखा भी मन में बना रखी थी । शीर्षक भी तय कर लिया था । लेकिन उस पर विचार ही करता रह गया । उसे मूर्त रूप नहीं दे पाया था । ये दोहे नवनीत, नई दुनिया, अक्षरा, युगीन काव्या, उद्भावना, समावर्तन, अभिनव प्रयास, कादम्बिनी, हंस, बया, अक्षरा, प्रेरणा, वीणा, समकालीन स्पंदन, परिंदे, मेकलसुता, शिखर वार्ता, हरिगंधा जैसी प्रतिष्ठित पत्र-पत्रिकाओं के साथ ही छंद प्रभा, रचनाकार, साहित्य कुञ्ज, एम्स्टेल गंगा आदि ई-पत्रिकाओं में स्थान पा चुके हुए हैं । कुछ साझा संग्रहों और विशेषांकों में भी दोहों को संकलित किया गया है । कुछ ही महीनों पहले 'दोहों का दीवान' एप में भी दोहे संकलित हुए हैं । संग्रह में कुछ दोहे ऐसे भी हैं जो बिलकुल नए हैं । अभी-अभी लिखे हैं ।

दोहा एक लोक-छंद हैं जो सीधे दिल में उतरने का सामर्थ्य रखता है । यह मुक्तक काव्य के अंतर्गत आता है । अर्थ के स्तर पर यह एकदम आत्मनिर्भर है । दोहा मात्र दो पंक्तियों (चार चरण) और अड़तालीस मात्राओं के माध्यम से अपनी बात को प्रभावी ढंग से कह सकता है । इसमें गागर में सागर भर देने का अद्भुत गुण होता है । यह अन्य काव्य रूपों की अपेक्षा अपनी लोकधर्मी प्रकृति के कारण जनमानस के अधिक निकट है । कबीर, नानक, रैदास, दादू, तुलसी, बिहारी और रहीम के दोहे लोकमानस में बहुत प्रसिद्ध और प्रचलित हैं । ये लोक की जुबान पर आज भी चढ़े हुए हैं । दोहे लोकोक्तियों, कहावतों और मुहावरों की तरह प्रयुक्त किए जाते रहे हैं । इन्हें गाहे-ब-गाहे अपनी बात की पुष्टि के लिए उद्धृत किया जाता रहा है । आधुनिक युग में भी दोहे कहीं न कहीं अपनी उपस्थिति दर्ज कराते रहे हैं । लोकोन्मुखी कवि नागार्जुन ने धारदार दोहे लिखे हैं । दोहा भले ही पुराना छंद हो किन्तु इसमें नए तेवर और आधुनिक युग की सच्चाइयों को व्यक्त करने का पूर्ण सामर्थ्य है । आधुनिक काल में दोहों

ने जीवन के यथार्थ को मुखरित किया है । समकालीन समय में अनेक दोहाकार रचनारत हैं जो अपने समय की संवेदना, तकलीफों, विसंगतियों और सवालों को नए ढंग से अपने दोहों में दर्ज कर रहे हैं ।

मैंने अपने दोहों के जरिए सामाजिक और राजनीतिक विसंगतियों को पकड़ने की कोशिश की है । कोई भी संवेदनशील व्यक्ति अपने समय के सवालों से बच नहीं सकता । मैंने इन दोहों के माध्यम से अपने समय के सवालों की पड़ताल करने और उन्हें दर्ज करने की कोशिश की है । पाठकों को इन दोहों में नए प्रतीकों और बिम्बों के जरिए सामान्य जन और दबे-कुचले वर्ग की पीड़ा, जिजीविषा, आकांक्षा को अभिव्यक्ति करने की तड़प मिलेगी । पाखंडों पर प्रहार के साथ ही प्रकृति के विभिन्न रूप, मौसम और त्योहारों के प्रतिबिम्ब अंकित करने का प्रयास भी इन दोहों में दिखाई देगा । मैंने दोहों में सरल और बोलचाल की भाषा के शब्दों को प्राथमिकता दी है । सपाटबयानी, दोहराव और शिल्पगत शिथिलता दोहे के शत्रु हैं । मैं इनसे कितना बच पाया, यह तो आप तय करेंगे । समय की सच्चाइयों को कितना और कैसे व्यक्त कर पाया, कहाँ पर चूक हुई, इसका निर्णय भी अब आप ही करेंगे । यदि कुछ दोहे भी आपको छू सके तो मैं इसे अपना सौभाग्य मानूँगा ।

तेईस फरवरी दो हजार तेईस को बेंगलुरु में वरिष्ठ कथाकार-व्यंग्यकार श्री अरुण अर्णव खरे से मुलाकात हुई । बातों ही बातों में उन्होंने मुझे नोशन प्रेस की सेल्फ पब्लिकेशन योजना के बारे में बताया । मुझे यह योजना पसंद आई । संयोग से उसी दिन मात्र तेरह दिन में उनकी किताब छपकर भी आ गई थी । मैं इसका साक्षी रहा । मेरे लिए यह अचरज था । मैंने नोशन प्रेस की सेल्फ पब्लिशिंग योजना का वीडियो देखा । तब दोहा संग्रह के प्रकाशन का विचार प्रबल हो गया । नोशन प्रेस टीम का सहयोग और मार्गदर्शन भी समय-समय पर मिलता रहा । यह दोहा संग्रह 'चींटी के संताप' उसी इच्छा और विचार का परिणाम है । इस हेतु नोशन प्रेस के साथ खरे जी का बहुत आभारी हूँ ।

जब दूरदराज से किसी अनजान दोहा-प्रेमी, संवेदनशील पाठक, युवा या बुजुर्ग का प्रेरित करता फोन आता है तो मन में बेहतर लिखने की उछाह

पैदा होती है । इनकी उत्साहवर्धक प्रतिक्रिया ही मुझे बहुत बड़ा पुरस्कार और सम्मान प्रतीत होता है । अवर्णनीय ख़ुशी मिलती है । बेहतर लिखने के लिए पाठकों की निष्पक्ष प्रतिक्रिया की उतनी ही जरुरत है जितनी कि मिट्टी में दबे बीज को खाद-पानी की जरूरत होती है । आपकी प्रतिक्रियाओं का हमेशा स्वागत है ।

गोविन्द सेन

56 प्रेस्टीज ग्लेनवुड, मंडूर विलेज,

बुडीगेरे क्रास, बेंगलुरु-560049 (कर्नाटक) भारत

मो: 9893010439, ई-मेल : govindsen2011gmail.com

8 मार्च, 2023

हाथी के पाँवों तले, दब जाती चुपचाप

सदियों से हम जानते, चींटी के संताप

❧❧❧

नहीं चीखती चींटियाँ, नहीं माँगती भीख

जीना चींटी की तरह, हाथी तू भी सीख

❧❧❧

मेहनतकश हैं चींटियाँ, नहीं करें आराम

हाथी खाता जा रहा, बिना चुकाए दाम

❧❧❧

चींटी के घर में हुआ, हाथी जब मेहमान

चींटी को ऐसा लगा, प्रकट हुए भगवान

❧❧❧

कंधे पर ले चींटियाँ, हाथी जितना भार

आगे बढ़ती जा रहीं, बनकर एक कतार

चींटी के घर में नहीं, मिर्ची-आटा-दाल

हाथी ने जाना नहीं, कहते किसे अकाल

❧❧❧

चींटी जैसा दुख लिए, हाथी रोता यार

हाथी जैसा दुख लिए, चींटी होती पार

❧❧❧

हर पल हाथी ने किया, चींटी का सम्मान

हाथी रखता ही नहीं, इस चींटी का ध्यान

❧❧❧

हाथी घूमे कार में, हाथी चढ़े विमान

निर्बल चींटी सोचती, पैसा है बलवान

❧❧❧

हाथी के दुख के लिए, जुटे हुए हैं शाह

चींटी के दुख की यहाँ, कौन करे परवाह

जंगल में है हर तरफ, हाथी का गुणगान

लोग भूलते जा रहे, चींटी का अवदान

❦❦❦

चींटी ने चिंतन किया, निकला ये निष्कर्ष

करना ही होगा उसे, हाथी से संघर्ष

❦❦❦

टुकड़े-टुकड़े धूप है, टुकड़े-टुकड़े छाँव

छाँव-धूप में बँट गया, अपना पूरा गाँव

❦❦❦

पहले से ही धूप थी, और बढ़ी फिर धूप

निखर गया है धूप में, अमलतास का रूप

❦❦❦

अचरज होता देखकर, छूते गगन पहाड़

सीधे खड़े पहाड़ पर, देवदार के झाड़

सूरज को क्या रोशनी, दिखलायेंगे आप

उसके कपड़े नाप मत, अपनी चिंदी नाप

❧❧❧

जाने जग किस हाथ में, कठपुतली की डोर

बलशाली वह हाथ है, कठपुतली कमजोर

❧❧❧

बिना रीढ़ के लोग हैं, कुरसी पर आसीन

बहरों के आगे यहाँ, लोग बजाते बीन

❧❧❧

सास-बहू के बीच में, तनती नित तलवार

घुन जैसा पिसता रहा, बेटा है लाचार

❧❧❧

हुई शाम को दुश्मनी, सुबह बने फिर मित्र

अचरज करना छोड़ दे, दुनिया बहुत विचित्र

ऊँचे-ऊँचे पेड़ हैं, बातों में मशगूल

छोटे पौधे खा रहे, पगडंडी की धूल

❧❧❧

इक दरिया आवाज का, बहता है दिन-रैन

चौराहे नाराज हैं, सड़कें हैं बेचैन

❧❧❧

पानी दूषित हो गया, मरी पड़ी है मीन

हरी-भरी दिखती नहीं, धरती है श्रीहीन

❧❧❧

ये पानी भी आजकल, लगा रहा है आग

भूल गया संवेदना, भूल गया है राग

❧❧❧

अंधकार पसरा हुआ, जीवन है संत्रास

ऐसे दीपक बालिए, कायम रहे उजास

पानी-पानी की मची, चारों ओर पुकार

बादल गिनती के मगर, प्यासा है संसार

❧❧❧

सूरज पानी ले गया, सूख गया है ताल

तड़प रही हैं मछलियाँ, जीवन है बदहाल

❧❧❧

मैं पानी से दूर हूँ, पानी मुझसे दूर

पानी से रिश्ता मगर, टूटा नहीं हुज़ूर

❧❧❧

जितनी तेरी प्यास है, उतनी मेरी प्यास

तू पानी का दास है, मैं पानी का दास

❧❧❧

पानी का संकट बढ़ा, धूप हो गई तेज

बादल की सेना यहाँ, सूरज अब तो भेज

आसमान पर है जमी, बादल की सरकार

गिरती है निर्दोष पर, बिजली की तलवार

❧❧❧

उतरा पानी आपका, उतर गया है नूर

नकली घोड़े दौड़ते, आखिर कितनी दूर

❧❧❧

ढोना पड़ता है उसे, मल-मूत्र भरपूर

हर नाले में गंदगी, पानी है मजबूर

❧❧❧

पानी करता जा रहा, चट्टानों को पार

पानी के आगे नहीं, टिकती है दीवार

❧❧❧

पानी सबका मर गया, बची हुई है आग

दाग़दार खुश हो गए, लगा सभी को दाग

कहीं बाढ़, सूखा कहीं, उठे कहीं तूफान

डेमाक्रेसी मेघ की, अंधी है श्रीमान

॥

मेला मेघों का लगा, छाए चारों ओर

हलधर का अनुमान है, बरसेंगे घनघोर

॥

जलवा सूरज का घटा, बादल का है शोर

पंख खोलकर नाचता, वन में कोई मोर

॥

बारिश में गलती रही, मिट्टी की दीवार

मिट्टी को खलता रहा, बादल का व्यवहार

॥

बरस रहे हैं गाँव में, बादल बारम्बार

गली-गली में हो गई, कीचड़ की भरमार

आवाजों को पी गई, खामोशी की प्यास

कितनी दुख की गठरियाँ, होंगी उसके पास

❧❧❧

बादल सुनते ही नहीं, नदियों का इंकार

नदियों पर करते रहे, नाहक अत्याचार

❧❧❧

हरा रंग हावी हुआ, दर्ज कर रहा जीत

बादल गाता ही रहा, हरियाली के गीत

❧❧❧

छायी बदली देखकर, निकले छाता तान

पर बदली बरसी नहीं, गलत हुआ अनुमान

❧❧❧

बच्चे कीचड़ से सने, कितने हैं खुशहाल

भरे हुए उल्लास से, बने खुशी के ताल

रिश्ते हैं तलवार के, तलवारों के साथ

आलपीन से दिल नहीं, महज मिले हैं हाथ

❦❦❦

चमचम-चम चपला करे, चमके सकल जहान

गरज-गरज कर बोलता, बादल मूँछे तान

❦❦❦

कीचड़ की भरमार है, नहीं कहीं अब धूल

बाढ़ नदी में आ गई, टूटे उसके कूल

❦❦❦

दीन-हीन हम खुरदुरे, चिकने-चुपड़े आप

छाया पायी आपने, हमने झेला ताप

❦❦❦

कालेपन को देखने, आए लोग सफेद

लोहे जैसी जिंदगी, लेकिन कितने छेद

दौड़े आए कैमरे, सुन माँदल की थाप

चमकीली तस्वीर में, क्या पाएँगे आप

❧❧❧

सुबह ठोकर खा रही, झेल रही अपमान

रात फैलती जा रही, दिन का है अवसान

❧❧❧

सरल हमारी जिंदगी, सरल हमारा सोच

रोज़ हमारी सादगी, गिद्ध रहे हैं नोच

❧❧❧

मिमयातीं हैं बकरियाँ, रम्भातीं है गाय

जल्लादों के सामने, कितनी सब निरुपाय

❧❧❧

पानी है हड़ताल पर, बस्ती में है आग

जलती बस्ती देखकर, कैसे जाऊँ भाग

समय पुराने अश्व पर, होता नहीं सवार

नए अश्व की नित्य ही, उसे रही दरकार

॰॰॰॰

हमने खाई गोलियाँ, सरहद पर हर बार

छोड़ी हमने जिंदगी, छोड़ा है घर-बार

॰॰॰॰

पानी दौड़ा जा रहा, कर बाधा को पार

पर्वत बैठा रह गया, बाधा बनकर यार

॰॰॰॰

कुटिल लोमड़ी कर रही, थके शेर को तंग

बिना रीढ़ के केंचुए, बनने लगे भुजंग

॰॰॰॰

अपने दुख की पोटली, पागल ! यहाँ न खोल

ये बहरों का नगर है, गवाँ न अपने बोल

करते हैं नौटंकियाँ, हुक्मरान हर रोज

हथकंडे हर दिन नए, लेते हैं ये खोज

❦❦❦

ऊँचाई के घर मिली, बौनों की तस्वीर

बौनों ने अक्सर लिखी, ऊँचों की तकदीर

❦❦❦

ऊँचाई के दंभ में, उड़ा न तू उपहास

ऊँचे पर्वत जान ले, खाई का इतिहास

❦❦❦

बैलगाड़ियों के लिए, कहाँ रही गड़वाट

संगमरमरी फर्श पर, नहीं सुहाती खाट

❦❦❦

लटके हैं ताले यहाँ, दरवाजे हैं मौन

कौन ले गया चाबियाँ, खोले इनको कौन

बार-बार बाँधा गया, दिया गया आकार

लेकिन पानी ने किया, बंधन कब स्वीकार

❧❧❧

मजदूरों की जिन्दगी, हर सुविधा से हीन

आसमान उनका नहीं, उनकी नहीं जमीन

❧❧❧

करते थे जो रात-दिन, अन्न कणों की खोज

ऐसे भूखों ने दिया, पेटभरों को भोज

❧❧❧

खूब कमाया बाप ने, बेटा रहा उजाड़

समतल होगा एक दिन, धन का तुंग पहाड़

❧❧❧

अपनी धरती खो चुके, टूटी नभ की आस

घायल है संवेदना, मरा यहाँ विश्वास

माया पर बैठे हुए, बाबा कुण्डली मार

कहते हैं उपदेश में, माया-मोह असार

❧❧❧

अपने हित को साधते, जनहित का ले नाम

हाथी हर दिन कर रहे, ऐसे ही कुछ काम

❧❧❧

हर नाले में गन्दगी, कचरे का अम्बार

फ़ैल गया है दूर तक, बदबू का व्यापार

❧❧❧

चाहें तो बरसें नहीं, देतीं कष्ट अपार

अनचाहे ये बदलियाँ, बरसें मूसलधार

❧❧❧

काली बदली आ गई, बिन चिट्ठी बिन तार

बरखा फिर करने लगी, धरती का सिंगार

बदलियों के बीच ही, उलझा सूरज आज

सुबह-दोपहर-शाम के, भूला सारे काज

❧❧❧

झेल रहे हैं आजकल, सब मौसम की मार

किसका-किसका नाम लें, पूरा घर बीमार

❧❧❧

विद्यालय में किस तरह, कक्षा लगे हुजूर

बादल बरसे रात भर, छत टपकी भरपूर

❧❧❧

सावन लाया बदलियाँ, बदल गई अब रीत

मेंढक टर्राने लगे, कोयल भूली गीत

❧❧❧

गरजे पर बरसे नहीं, झूठे निकले बोल

बादल को क्या दोष दें, रही ढोल में पोल

पानी की ले गठरियाँ, भागा बादल-चोर

सागर सोता रह गया, मचा न पाया शोर

❧❧❧

मीलों तक वीरानगी, तपता रेगिस्तान

बादल ने छोड़े नहीं, अपने यहाँ निशान

❧❧❧

रस्ते पर कीचड़ जमा, गीला पूरा गाँव

कोई बतलाए मुझे, कहाँ रखूँ मैं पाँव

❧❧❧

देखी काली बदलियाँ, कालू हुआ उदास

आस मजूरी की गई, फिर होगा उपवास

❧❧❧

रुको बादलों अब ज़रा, लेने दो कुछ चैन

पानी घर में भर गया, भीगे घर के नैन

हंसों जैसी धवलता, बगुलों जैसे काम

भोली-भाली मछलियाँ, चुग्गा बनती राम

❦❦❦

तोपों से तलवार की, ठनी हुई है आज

कचरे का ही राज हो, या झाड़ू का राज

❦❦❦

गाँव-शहर में गन्दगी, कचरे का अम्बार

साफ-सफाई के लिए, झाड़ू बस दो चार

❦❦❦

अपने भीतर भी रखें, एक झाड़ू तैयार

तेरी ही सरकार हो, या मेरी सरकार

❦❦❦

दिखा रहे हैं सादगी, लेते जन का पक्ष

भैया जी इस काम में, रहे जन्म से दक्ष

रैन-बसेरे में कई, ठिठुर रहे थे यार

पश्मीना पहुँची वहाँ, लेकर महँगी कार

❦❦❦

बदल रहे हैं टोपियाँ, अपनाते नव ढंग

जान बचाने के लिए, गिरगिट बदलें रंग

❦❦❦

जूते मालिक बन गए, टोपी बनी गुलाम

बदली सबकी भूमिका, बदला नहीं निज़ाम

❦❦❦

फूली-फूली जेब तू, काहे करे गुमान

जब तक है फूली हुई, तब तक ही गुणगान

❦❦❦

कपड़ों ने नंगा किया, आग लगाता नीर

राजा याचक बन गया, दानी हुआ फकीर

मंदिर आलीशान है, मस्जिद आलीशान

दर-दर ठोकर खा रहा, ये बंदा भगवान

❧❧❧

पता नहीं मंजिल कहाँ, फिर भी चलते रोज

करते रहते नित्य ही, जाने किसकी खोज

❧❧❧

सपना दिल्ली आपका, सपना है भोपाल

अपना सपना आज भी, केवल रोटी-दाल

❧❧❧

मज़बूती बढ़ती गयी, जितनी खायी मार

जितना हम घिसते गए, उतनी पाई धार

❧❧❧

दूध-मलाई रोटियाँ, देंगे कम्बल-शाल

आएँगे फिर भेड़िए, पहन गाय की खाल

आसमान की छत मिली, मिला धरा का फर्श

सच्चाई पत्थर बनी, हवा हुए आदर्श

❧❧❧

उच्च स्वरों में गा रहे, दीन-हीन के गीत

हितचिन्तक धनवान के, बलशाली के मीत

❧❧❧

ये नकली भगवान हैं, या असली भगवान

लगा न पाए आज तक, हम कोई अनुमान

❧❧❧

चोरी-हत्या-रेप सब, देख रहा भगवान

लेकिन कुछ करता नहीं, निर्भय है शैतान

❧❧❧

पैसों से आराम है, पैसों से हैं तंग

पैसे ही करवा रहे, रोज यहाँ पर जंग

अंधे भक्तों की यहाँ, कमी नहीं सरकार

इसीलिए तो चल रहा, बाबा का व्यापार

❦❦❦

शेर निकट आने लगा, करने लगा प्रणाम

भय से व्याकुल बकरियाँ, क्या होगा अंजाम !

❦❦❦

चूहे-मेंढक-छिपकली, तिलचट्टों का राज

विद्या के घर बन गए, घर भोजन के आज

❦❦❦

सीलबट्टे गायब हुए, मिक्सर अब आबाद

मेहनत की अवहेलना, बढ़ने लगा प्रमाद

❦❦❦

डूबे भोग-विलास में, कहलाते हैं संत

चोला ओढ़े धर्म का, बैठे हैं सामंत

लूटें सौ-सौ हाथ से, कर मुठ्ठी भर दान

यहाँ लुटेरे पा रहे, दानी का सम्मान

***

अच्छे दिन आए नहीं, बुरे दिनों के बाद

पहले ही बरबाद थे, और हुए बरबाद

***

सस्ता है बस आदमी, महँगा सब सामान

सामानों के सामने, बौना है इंसान

***

दीवारें हैं दरकती, द्वार हुए कमजोर

ताले थर-थर काँपते, बलशाली हैं चोर

***

पीड़ा से चिंघाड़ता, बरस रहे हैं नैन

घुसीं कान में चींटियाँ, हाथी है बेचैन

सड़क भागती जा रही, पेड़ खड़ा खामोश

कछुआ पीछे रह गया, जीत गया खरगोश

☙☙

तलवारों के साथ है, आलपीन से दूर

हवा देखकर बदलते, चाकू के दस्तूर

☙☙

कौन यहाँ पर पास है, कौन यहाँ है दूर

दूरी लाई पास में, दूरी है मंजूर

☙☙

दुख के दरवाजे खुले, सुख के पट हैं बंद

तकलीफें करने लगीं, हमको बहुत पसंद

☙☙

हार गई है ज़िन्दगी, टूट गया है छन्द

प्राण गए सब कुछ गया, देह पड़ी निस्पंद

अक्सर उलटे काम ही, करते हैं कुछ लोग

टोपी-सा करने लगे, जूते का उपयोग

❧❧❧

जूतों में दो पाँव हैं, टोपी में सिर एक

जान बचाता आदमी, जूतों पर सिर टेक

❧❧❧

इच्छा का जंगल घना, चलना है दुश्वार

जीना मुश्किल है यहाँ, पग-पग पर बटमार

❧❧❧

होरी-गोबर-कालिया, छोटे-छोटे नाम

पेट सभी का भर रहे, करते ऊँचा काम

❧❧❧

साफा सिर पर है बँधा, तिलक लगा है भाल

हाथों में तलवार है, सामंती है चाल

नीचे गिरता जा रहा, रोज यहाँ इंसान

मन की होते देखकर, उछल रहा शैतान

❧❧❧

देख रही है घूरकर, आँखों में अंगार

आलपीन की जीत से, आहत है तलवार

❧❧❧

पगडंडी के हौसले, जब से हुए बुलंद

बाधित होता जा रहा, सड़कों का आनंद

❧❧❧

अपने-अपने राज की, हर राजा को फिक्र

इसीलिए तो कर रहे, दीन-हीन का जिक्र

❧❧❧

बड़े पेड़ रखने लगे, यहाँ फलों की चाह

नदी-ताल करते नहीं, प्यासों की परवाह

कचरा हो कर रह गए, कल आते थे काम

जब तक थे हम काम के, सब जपते थे नाम

❧❧❧

दो रोटी की आस में, मेहनतकश इन्सान

तेज धूप में झुलसते, मुख पर रख मुस्कान

❧❧❧

झरे सूख कर पत्तियाँ, मुरझाते हैं फूल

सभी बिछड़ते एक दिन, कभी न बिछड़े शूल

❧❧❧

करते रहते रात भर, जूते उनको याद

भूले रहते पाँव जो, सो जाने के बाद

❧❧❧

बैठे हैं थक हार कर, चले न अपना जोर

कोई तो वाहन मिले, नज़र सड़क की ओर

ठगा गया तो दुख हुआ, लगी करारी चोट

मैं पढ़ पाया ही नहीं, उसके मन की खोट

❧ ❧ ❧

सुविधा का साफा पहन, किए सुरक्षित कान

स्वाभिमान गिरवी रखा, ले आए अभिमान

❧ ❧ ❧

चमचम करती रोशनी, नीली-पीली-लाल

अँधियारे में झोपड़ी, जैसे एक सवाल

❧ ❧ ❧

क्या होरी स्वतंत्र है, क्या गोबर स्वतंत्र

कठपुतली हैं हम आज भी, मानव हैं या यंत्र

❧ ❧ ❧

आ जाती है जनवरी, लाती है नववर्ष

कालू के मुख पर नहीं, आया अब तक हर्ष

फिर से आती जनवरी, लाती है नववर्ष

लेकिन हुआ न आज तक, होरी का उत्कर्ष

❦❦❦

हुए जनवरी आप तो, हमें दिसम्बर मान

गया समय पत्थर हुआ, नया समय भगवान

❦❦❦

दीपक-सूरज-रोशनी, खुश्बू-तितली-फूल

उड़ा रही है रात-दिन, सड़कें इन पर धूल

❦❦❦

भूखा बचपन ढूँढता, कचरे में जब अन्न

कैसे कह दूँ आपसे, देश मेरा सम्पन्न

❦❦❦

गरजे डीजे हर तरफ, कुंठित हैं अब ढोल

कानों में पड़ते नहीं, लोकगीत के बोल

चाकू को अच्छा कहूँ, या अच्छी तलवार

मेरी गरदन काटने, दोनों हैं तैयार

❧❧❧❧

भूखे हैं सब भेड़िए, ढूँढे गोश्त लजीज

लाँघें कैसे मेमने, डर की ये दहलीज

❧❧❧❧

जब साफा पहना किया, राजा ने सम्मान

एक चींटी करने लगी, हाथी-सा अभिमान

❧❧❧❧

गूँज रहे हैं आज भी, सिर्फ लूट के मंत्र

पीछे है कितना अभी, होरी का जनतंत्र

❧❧❧❧

जड़ें कटीं विश्वास की, खिसक गया आधार

बैरी-सा लगने लगा, आज गले का हार

पहुँचाती गंतव्य तक, जैसे भी हो यार

टूटी-उखड़ी ही सही, सड़कों का आभार

❧ ❧ ❧

मछली को रहती सदा, पानी की दरकार

पानी उसकी जिंदगी, पानी घर-संसार

❧ ❧ ❧

पूँछ धुएँ की पकड़ कर, ढूँढी हमने आग

उसी आग से आजकल, झुलस रहा है बाग

❧ ❧ ❧

एक मूँछ का बाल है, एक पूँछ का बाल

दोनों रहते मौज में, दोनों हैं खुशहाल

❧ ❧ ❧

तेरा भी एक पाठ है, मेरा भी एक पाठ

जिसको तू लोहा कहे, मैं कहता हूँ काठ

धोखा उसने दे दिया, जिस पर किया यकीन

फिसल गई है हाथ से, विश्वासों की मीन

❦❦❦

दागी में पाया नहीं, उसने कोई दाग

किन्तु लिजलिजा केंचुआ, लगता उसको नाग

❦❦❦

आदमकद परछाइयाँ, यह बौनों का देश

लम्बे कद वाला नहीं, पाता यहाँ प्रवेश

❦❦❦

विष पीकर वह मर गया, जाने क्या था कष्ट

दूर हुआ तकलीफ से, जीवन करके नष्ट

❦❦❦

आभासी हैं खिड़कियाँ, आभासी हैं द्वार

वैसा दिखता है नहीं, जैसा है संसार

बचा न पाए बाढ़ से, भक्तों को भगवान

लाचारी भगवान की, समझ ज़रा इंसान

❧❧❧

आसमान की छत मिली, मिला धरा का फर्श

सच्चाई पत्थर बनी, हवा हुए आदर्श

❧❧❧

उच्च स्वरों में गा रहे, दीन-हीन के गीत

हितचिन्तक धनवान के, बलशाली के मीत

❧❧❧

यहाँ धूप पसरी हुई, वहाँ धूप है तंग

धरती सबकी एक है, किन्तु कितने रंग

❧❧❧

एक ओर हैं गरदनें, एक ओर तलवार

गरदन ही तलवार से, कटती है हर बार

राजनीति के पंथ पर, दुर्जन मिले हजार

सज्जन का इस पंथ पर, चलना है दुश्वार

❧❧❧

किसकी पूजा कीजिए, किसका जपिए नाम

फूलों के भी हैं यहाँ, काँटों जैसे काम

❧❧❧

कुएँ बर्फ के आजकल, उगल रहे हैं आग

रीढ़हीन थे केंचुएँ, बन बैठे अब नाग

❧❧❧

सेवक का बाना पहन, ले मेवे की आस

अक्सर राजा तोड़ते, परजा का विश्वास

❧❧❧

पुतला मिट्टी का मगर, करता है अभिमान

बना नहीं है आदमी, बनता है भगवान

चिंदी लेकर दौड़ते, चूहे चारों ओर

हमने देखा हर जगह, बौनों का ही शोर

꧁꧂

बल खा-खाकर देह के, बता रही है राज़

अम्बर-पर्वत देखते, सड़कों के अन्दाज़

꧁꧂

पर्वत सारे मीत हैं, पेड़ों से पहचान

कठिन राह को पार कर, सड़कें पातीं मान

꧁꧂

सड़कों को मालूम हैं, जंगल के सब राज़

कहाँ-कहाँ पर साँप हैं, कहाँ-कहाँ पर बाज

꧁꧂

पहियों के नीचे दबा, मानव कितनी बार

दुर्घटनाओं से भरा, सड़कों का संसार

सबकी भागमभाग में, सड़कें हैं बदहाल

देह मोम सी गल गई, शेष रहा कंकाल

☙☙☙

दीवारों से कर रहीं, सड़कें गुपचुप बात

दंगे में दो सौ मरे, बेकाबू हालात

☙☙☙

टूटी सड़कों से भली, पगडंडी-गड़वाट

बिन पाँवों के पलंग से, अच्छी साबुत खाट

☙☙☙

हर वाहन है रौंदता, झूठा सबका प्यार

दमित सड़क की जिन्दगी, इक काँटों का हार

☙☙☙

सड़कें टूटी प्यार की, उड़े घृणा की धूल

उखड़ गई हैं गिट्टयाँ, चुभती बनकर शूल

काम अधूरा छोड़कर, भागा ठेकेदार

सपना अच्छी सड़क का, फिर टूटा सरकार

❧❧❧

भाग रहे हैं लोग सब, लगते सब बेहाल

बिछे हुए हैं शहर में, सड़कों के संजाल

❧❧❧

नस-नाड़ी में रक्त-सा, बना रहे संचार

सड़कों ने तय की सदा, जीवन की रफ्तार

❧❧❧

किशन सरीखे भानजे, नहीं चाहते कंस

बगुले उनको चाहिए, नहीं चाहिए हंस

❧❧❧

पानी तेरे प्यार का, उतर रहा है रोज

प्यासा फिर करने लगा, नए कुएँ की खोज

खुली पुरानी चिट्ठियाँ, खुलता गया अतीत

इनमें थोड़ा ताप है, इनमें थोड़ी शीत

❧❧❧

मंदिर-मस्जिद से ज़रा, बाहर आ भगवान

गाजर-मूली की तरह, कटे यहाँ इंसान

❧❧❧

भूले अपनी हेकड़ी, आया जब भूचाल

काँप धरा पर आ गिरे, ऊँचे भवन विशाल

❧❧❧

मुर्गे अपनी बाँग पर, करते हैं अभिमान

सुबह-शाम दिन-रात सब, उनको लगें गुलाम

❧❧❧

छाया बनकर रह गए, कल के छायाचित्र

दुश्मन जैसा समय था, अब लगता है मित्र

नमक लगाने जख्म पर, आ जाते हैं लोग

भूल चुके हैं आजकल, मरहम का उपयोग

❧❧❧

मामूली सी चोट से, बन जाते हैं घाव

छोटे-छोटे छेद ही, ले डूबे हैं नाव

❧❧❧

पाँवों ने जब से किया, चलने से इंकार

तब से मेरे हाथ ही, पाँव बन गए यार

❧❧❧

त्याग-तपस्या-साधना, किस चिड़िया का नाम

तिकड़म और जुगाड़ से, जब बनते हों काम

❧❧❧

चुप्पी साधे हैं खड़े, सबको प्यारी जान

तलवारों ने काट दी, सबकी यहाँ जबान

जिस घर में उठती रहे, रोज़-रोज़ दीवार

उस घर में कैसे भला, रह पाएगा प्यार

❧❧❧

धोखे में लिपटा हुआ, पाया ऐसा प्रेम

जैसे हो दीवार पर, खाली-खाली फ्रेम

❧❧❧

अनजाने में हो गई, मुझ से भारी चूक

मैंने रखने दी उसे, कंधे पर बन्दूक

❧❧❧

लेकर थोड़ी छुट्टियाँ, आऊँ थोड़ा घूम

उड़ू परिंदे की तरह, नभ को आऊँ चूम

❧❧❧

लेटे-लेटे देर तक, पढ़ता रहूँ किताब

कोई मेरे वक्त का, माँगे नहीं हिसाब

श्वेत-श्याम है ज़िन्दगी, सपने हैं रंगीन

इसीलिए तो तड़पती, मन की चंचल मीन

✿✿✿

करे दवा बीमार को, और अधिक बीमार

अच्छा है हम मान लें, विष ही का आभार

✿✿✿

कपड़ों ने नंगा किया, पानी ने दी प्यास

भूख बाँटती रोटियाँ, करते फूल उदास

✿✿✿

कई जमीनें कीमती, सुंदर ऊँचे धाम

हाकिम ने गुपचुप किया, सब अपनों के नाम

✿✿✿

अरब-ख़रब के सामने, हाथ जोड़ता लाख

रुपए की बाज़ार में, बची न कोई साख

अपनी छोटी-सी खबर, उनकी खबर विशाल

दूध-मलाई साबजी, हम तो आटा-दाल

✤✤✤

तलवारें गाने लगीं, बंदूकों के गीत

चाकू भी करने लगे, तलवारों से प्रीत

✤✤✤

नजरें बाहर ही नहीं, भीतर रखें जनाब

अमृत-घट में आजकल, मिलता है तेजाब

✤✤✤

कैंची कपड़ा काटती, कैंची काटे बाल

लेकिन फीता काटकर, कैंची हुई निहाल

✤✤✤

दुश्मन कोई है नहीं, सभी आपके मित्र

जैसे हो दीवार पर, सभी एक से चित्र

अपने आँसू में तुम्हें, मिलते सौ संताप

मेरे आँसू को मगर, पानी कहते आप

❧❧❧

तरल हुए भीतर मगर, बाहर हैं पाषाण

मुख की तनी कमान से, छूट रहे हैं बाण

❧❧❧

भीतर कोई रंग है, बाहर कोई रंग

भीतर-बाहर में यहाँ, छिड़ी हुई है जंग

❧❧❧

ठठरी जैसी देह को, ढँकता रहा कमीज

अला-बला को टालता, गले पड़ा ताबीज

❧❧❧

रहा दूर मुझसे बहुत, रहकर मेरे पास

मैं गाफिल समझा नहीं, होकर तेरा खास

फीका-फीका लग रहा, जीवन था नमकीन

तन के घोड़े पर हुए, रोग कई आसीन

❧❧❧

आदर्शों का अब नहीं, पहले सा आनंद

टूट रहे हैं आजकल, मर्यादा के छंद

❧❧❧

तकलीफों का सिलसिला, लगता मुझे अनंत

आधा होकर रह गया, जब से लगा हलंत

❧❧❧

निकली नदी पहाड़ से, रखकर तेज बहाव

नहीं जानता तैरना, उलट गई है नाव

❧❧❧

सबके अपने राग हैं, सबके अपने द्वेष

जग काजल की कोठरी, रहा न कोई शेष

पंछी सारे उड़ गए, विवश खड़ा है झाड़

समय नदी सा बह गया, यादें बनी पहाड़

❦ ❦ ❦

आँखों में आकाश है, होता है आभास

बने हुए हैं आजकल, हम सपनों के दास

❦ ❦ ❦

कहा हुआ तो सब सुने, रहे अनकहा मौन

उसके गूँगे दर्द को, आखिर समझे कौन

❦ ❦ ❦

तेरे मन में आग है, मेरे मन में आग

हम दोनों की आग में, भस्म हो गया राग

❦ ❦ ❦

चिंताओं की आग में, रोज जले हैं आप

एक अकेला आदमी, और कई संताप

बैठा है आराम से, तन के भीतर चोर

चुरा रहा है ज़िन्दगी, चले न उस पर जोर

❦❦❦

चलता हूँ मैं धूप में, रख छाया की आस

आगे कोई पेड़ है, होता है आभास

❦❦❦

लेकर अपने हाथ में, कर्मों की कंदील

दो रोटी का स्वप्न ही, देखे कालू भील

❦❦❦

जरा गौर से देखिए, पढ़िए उसे जनाब

शब्दों-वर्णों से भरा, मुखड़ा एक किताब

❦❦❦

रेखाएँ उलझी हुईं, चित्र नहीं आसान

देख-देखकर नित्य ही, उलझ रहा श्रीमान

मन काला ज्यों कोयला, पर सफेद परिधान

बाहर से होती नहीं, भीतर की पहचान

❧❧❧

लाख कोई कोशिश करे, हो जाएगा तंग

काले कम्बल पर नहीं, चढ़ता दूजा रंग

❧❧❧

मौसम है या आदमी, पल-पल बदले रंग

गिरगिट जिसको देखकर, रह जाता है दंग

❧❧❧

खोटे सिक्के ही यहाँ, चलते हैं सरकार

हर जंगल में देखिए, मिलते रँगे सियार

❧❧❧

केसरिया करता रहा, हरे रंग पर चोट

हरा रंग भी देखता, केसरिया में खोट

अंधकार की जेब में, समा गया संसार

गाढ़े काले रंग में, डूबे रंग हजार

❧❧❧

गाँवों पर भी चढ़ गया, राजनीति का रंग

राई जैसी बात पर, पर्वत जैसी जंग

❧❧❧

सबकी चाहत है यही, चाहे ऐसा ढंग

बिना हींग, बिन फिटकरी, आए चोखा रंग

❧❧❧

ऊँचाई पर तैरती, सपनों जड़ी पतंग

आँखों में आकाश के, उभरे सातों रंग

❧❧❧

हरा-गुलाबी-मूँगिया, काले की दरकार

रंग कौन सा चाहिए, बोलें तो सरकार

मंदिर की दीवार पर, रंग चढ़ा भरपूर

लेकिन घर इंसान का, सदा रहा बेनूर

❧❧❧

एक अचम्भा और है, मत होना हैरान

अंधे अब करने लगे, रंगों की पहचान

❧❧❧

शीतलहर का जोर है, आवक-जावक मंद

सड़कें हैं खाली पड़ी, लोग घरों में बंद

❧❧❧

शीतकाल ने दे दिया, उनको अपना काम

चलने लगी सलाइयाँ, हाथों में अविराम

❧❧❧

आतंकी इस शीत का, मचा हुआ आतंक

हमला सब पर बोलती, राजा हो या रंक

शीत समाई हर जगह, बची नहीं तहसील

धीरे-धीरे जम गई, संबंधों की झील

खाकर चाबुक शीत के, ठिठुर गई है रात

आए सूरज तो ज़रा, गरमाए हालात

पानी से करने लगे, लोग तनिक परहेज़

ठंडापन पसरा हुआ, सूर्य खो चुका तेज

पहनाई जब शीत ने, कुहरे की इक शाल

मौसम मोती सा हुआ, धरती हुई निहाल

माँग धूप की बढ़ गई, आई जबसे शीत

छाँव छोड़ करने लगे, सभी धूप से प्रीत

शीत खड़ी बाज़ार में, माँग रही है धूप

वह सूरज से चाहती, गरमी वाला रूप

❧❧❧

दहके कहीं अलाव तो, सेंक लीजिए हाथ

शीतकाल में चाहिए, गरमाहट का साथ

❧❧❧

छाँव सुहाती ही नहीं, जबसे आई शीत

धूप गुनगुनाने लगी, गरमाहट के गीत

❧❧❧

नहीं रही अब ऊष्णता, पैठ गई है शीत

सूरज भी लगने लगा, सर्दी से भयभीत

❧❧❧

आँगन-आँगन आजकल, जलने लगे अलाव

मीठी लगती धूप अब, कड़वी लगती छाँव

रातों की लम्बाइयाँ, देतीं दिन को मात

चोली जैसे दिन हुए, साड़ी जैसी रात

❦❦❦

लेटी हुईं पहाड़ियाँ, करें धूप स्नान

बैठ कुर्सियाँ धूप में, करती हैं जलपान

❦❦❦

कुहरे से मुँह ढाँपकर, सूरज सोया आज

सुबह-दोपहर-शाम के, भूला सारा काज

❦❦❦

बंद खिड़कियाँ हो गईं, दरवाजे भी बंद

सर्दी की गुस्ताखियाँ, घर को नहीं पसंद

❦❦❦

हाथ समाए जेब में, कनटोपे में कान

बिना ऊष्णता ज़िंदगी, लगती है बेजान

तापमान गिरने लगा, लगी कँपाने ठंड

दिन-प्रतिदिन होने लगी, ठंड बहुत उद्दंड

❦❦❦❦

पानी ठंडा हो गया, ठंडा लगता फर्श

अब अलाव के सामने, होने लगा विमर्श

❦❦❦❦

चाहे जितनी ठंड हो, बुझे न भीतर आग

यही भीतरी आग तो, जीवन का है राग

❦❦❦❦

मीठी है मनमोहिनी, सर्दी करती दूर

मुझे गुनगुनी धूप-सी, प्यारी लगी खजूर

❦❦❦❦

धूप सिकुड़ती जा रही, फैल रही है छाँव

आगे बढ़ते जा रहे, शीतलता के पाँव

उजियारे को बाँटकर, खुश होता है दीप

पाती है संतोष ज्यों, मोती रचकर सीप

❧❧❧❧

आँगन-आँगन लिख रहा, उजियारे के लेख

छोटे से इस दीप का, बड़ा काम तू देख

❧❧❧❧

जलता दीपक कह रहा, सबसे अपनी बात

तनिक उजाला पास हो, कटती काली रात

❧❧❧❧

दीप जलाओ इस तरह, अंधकार हो दूर

दीप रोशनी में जले, हमें नहीं मंजूर

❧❧❧❧

अंधकार तो हार है, उजियारा है जीत

नन्हें दीपक जान ले, जग की है ये रीत

जाल कटें अवसाद के, मन में रहे उमंग

मिले तेल हर दीप को, हो बाती का संग

❦❦❦

पहनीं सबने रोशनी, गलियाँ चहकीं आज

पहने घर-घर आ गए, दीप सुनहरे ताज

❦❦❦

दीवाली की रात में, देखें जलते दीप

अँधियारे को मेटने, आए सभी समीप

❦❦❦

पाँवों में सिमटा पड़ा, अंधकार लाचार

दीपक उस पर कर रहा, उजियारे से वार

❦❦❦

घर-आँगन,गलियाँ हँसीं, हँसे खेत-खलिहान

दीपक लेकर आ गये, अधरों पर मुस्कान

खुद मुझमें बसती रही, इक ऐसी तलवार

अक्सर जो करती रही, मेरा ही संहार

❧❧❧

पूछो अपने आपसे, कहाँ खो गई धार

पास आपके रह गई, जंग लगी तलवार

❧❧❧

घूम रही है शहर में, इक पागल तलवार

जो भी आता सामने, करती उस पर वार

❧❧❧

तलवारों के पास है, कोठी-बंगला-कार

आलपीन की दुर्दशा, मुझसे पूछ न यार

❧❧❧

मिला रही है मंच पर, तलवारों से हाथ

आलपीन भी हो गई, तलवारों के साथ

चंदा तेरी शक्ल को, देखा है सौ बार

पर तुझसे रोटी भली, पेट भरे संसार

❧❧❧

जबसे मुखिया हैं बने, हुए स्वप्न साकार

सत्ता सुख को लूटते, बोतल गले उतार

❧❧❧

कहता था चंदा उसे, कहता रहा गुलाब

अब तो कुछ कहता नहीं, उतरी सुबह शराब

❧❧❧

चंदा तुझको देखकर, कटती है अब रैन

घर का चंदा दूर है, मनुआ है बेचैन

❧❧❧

यूँ ही तो मिलता नहीं, चाहत वाला चाँद

चाहे अपना चाँद तो, सीमाओं को फाँद

जीने का क्या अर्थ है, मरने का क्या अर्थ

हम तो केवल आँकड़े, होना अपना व्यर्थ

❧❧❧

कितने हम असमर्थ हैं, कितने हुए समर्थ

ढूँढ रहे हैं आज भी, आजादी का अर्थ

❧❧❧

उम्र घटाई आपने, करके काले बाल

पोल खोलते हैं मगर, ढीले-पोले गाल

❧❧❧

आवाजों की भीड़ में, हुए अजनबी कान

अपनी ही आवाज को, नहीं सका पहचान

❧❧❧

हमने दिल्ली देख ली, देख लिया भोपाल

हाथी-घोड़े मस्त हैं, चींटी है बेहाल

गोश्त नोचकर खा गए, बचा सिर्फ कंकाल

जीवन-जल को ढूँढता, भटक रहा है ताल

❧❧❧

काली लड़की को लगे, दुश्मन अपना रंग

कालेपन ने सोख ली, मन की सहज उमंग

❧❧❧

तन काला ज्यों कोयला, गोया काली रात

श्वेत दंत हैं चमकते, जब करती वह बात

❧❧❧

सपन सलोने आ गए, लेकर रंग हजार

काली लड़की को लगे, किन्तु सभी बेकार

❧❧❧

गुण सारे अवगुण हुए, हुनर सभी बेकार

काली चमड़ी ने किया, लड़की का संहार

सपने काले हो गए, नहीं रहे रंगीन

लड़की को डसने लगे, सपने सभी हसीन

❧❧❧

गोरी लड़की कर रही, खुद का बहुत बखान

काली लड़की को लगे, यह अपना अपमान

❧❧❧

लड़की होना ही यहाँ, होता है अभिशाप

उस पर काला रंग है, और बढ़ा संताप

❧❧❧

काली कहते हैं उसे, पड़ा यही इक नाम

ओ काली तू आ इधर, निपटा घर का काम

❧❧❧

बुरे विशेषण जन्म से, जुड़े हैं उसके संग

काली लड़की के लिए, सोच सभी की तंग

श्याम वर्ण की राधिका, गौर वर्ण के श्याम

काली लड़की सोचती, ऐसा होता राम !

❧❧❧

गौर वर्ण की माँग है, पाया काला रंग

कालेपन से रोज़ ही, लड़की लड़ती जंग

❧❧❧

काली लड़की को मिला, काला राजकुमार

दोनों ने मिलकर रचा, उजाला इक संसार

❧❧❧

चलती है अभिमान से, ऊँचा करके भाल

देख रहे हैं आप-हम, नई सियासी चाल

❧❧❧

बाढ़ देह में आ गई, लड़की है बेचैन

खुद को लगी निहारने, दर्पण में दिन-रैन

हर्षित बोगनबेलिया, महुआ है अलमस्त

फागुन रहा पुकारता, लेकिन दुनिया व्यस्त

❧❧❧

गमका खुलकर मोगरा, हँसने लगा कनेर

गंध हवा में घोलता, फागुन रंग बिखेर

❧❧❧

बरगद-पीपल-आम खुश, हँसते नीम-बबूल

मोहित करते राह में, सुन्दर सेमल फूल

❧❧❧

गंध हवा को खोजती, हवा खोजती गंध

फागुन में गहरा गए, दोनों के संबंध

❧❧❧

पीला चोला छोड़कर, हरा हो गया नीम

गुलमोहर लेने लगा, टेसू से तालीम

फागुन सहमा देखकर, तनी हुई बन्दूक

कोयल गूँगी हो गई, निकल न पायी कूक

***

काली-पीली ज़िंदगी, होती रही हुजूर

फागुन अपनी पकड़ से, रहा सदा ही दूर

***

ओठों पर चढ़ता नहीं, कोई फागुन गीत

सोने की जंजीर से, बंधी सभी की प्रीत

***

फागुन लाया है उधर, रंगों की सौगात

मगर इधर हटती नहीं, दुख की काली रात

***

बरखा ने धोखा दिया, प्राणी हैं बेहाल

प्यासी धरती छोड़कर, गुजर गया है साल

बड़बोली थी जनवरी, बड़े-बड़े थे बोल

लेकिन बीते साल ने, खोली सारी पोल

❧❧❧

बारह पत्ते झड़ गए, डाल हुई कंगाल

बोल, दिसम्बर बोल तू, कैसे बीता साल

❧❧❧

जोड़ गया है कुछ नई, चिंताओं के जाल

क्या बतलाएँ आपको, कैसे बीता साल

❧❧❧

वापस आई जनवरी, बीत गया है साल

काल देवता ने उसे, बाहर दिया निकाल

❧❧❧

सदा पाँव हैं बोलते, हम घुटने की ओर

चले न बीते साल का, नए साल पर जोर

तारीखें बदली मगर, बदले नहीं नसीब

वही पुरानी जिंदगी, फिर है वही सलीब

❧❧❧

लम्बी दाढ़ी झूलती, धीमी-धीमी चाल

जर्जर काया ले चला, बूढ़ा बीता साल

❧❧❧

महँगी थी चीजें सभी, महँगा आटा-दाल

महँगाई की मार से, बचा न साबुत साल

❧❧❧

आया मालामाल था, हुआ आज कंगाल

खाली अपनी जेब कर, जाता बीता साल

❧❧❧

जाता हूँ करना क्षमा, लिखते रहना हाल

थकी हुई आवाज में, बोला बीता साल

सीधी-सच्ची बात कर, अंतर के पट खोल

करके बातें द्वेष की, नाहक विष मत घोल

❧❧❧

जितना भीतर ताप हो, उतने तीखे बोल

भीतर की इस आग से, जाती है भू डोल

❧❧❧

सुन-सुनकर हम थक गए, उनके ऊँचे बोल

ढोलों में कुछ है नहीं, केवल पोलम-पोल

❧❧❧

पेड़ों का भी मोल है, पत्थर का भी मोल

मानव का क्या मोल है, बोल, प्रभु तू बोल

❧❧❧

भीतर बैठा भेड़िया, मिसरी जैसे बोल

भीतर बाहर भेद क्यों, खुद को ज़रा टटोल

बचपन कचरा बीनता, कहीं चरता ढोर

मुझको मैली लग रही, उजली प्यारी भोर

❧❧❧

मीठे-मीठे बोल की, तू मिसरी मत घोल

केवल मीठा ही नहीं, कड़वा भी कुछ बोल

❧❧❧

चुप की चादर ओढ़कर, सोये हैं जो बोल

जगा, जगा, उनको जगा, नींदें उनकी खोल

❧❧❧

आगे बढ़ती जा रही, नदी मचाती शोर

मीठेपन को छोड़कर, खारेपन की ओर

❧❧❧

पेड़ रहा मैं आपका, दे न सका मैं छाँव

मेरे मन को रौंदते, पछतावे के पाँव

आज अकेली रह गई, यूँ तो बेटे चार

बेटों के घर बस गए, माजी बेघरबार

❧❧❧

माँ ममता की है नदी, बहती है अविराम

उसने जीवन लिख दिया, संतानों के नाम

❧❧❧

मिटे नहीं है फासले, घटे नहीं हैं भेद

चिंता बढ़ती जा रही, बढ़े नाव में छेद

❧❧❧

बदली नज़रें आपकी, बदल गया व्यवहार

धनपतियों की गोद में, बैठ गए हो यार

❧❧❧

भूले हँसना-बोलना, लगता बहुत अजीब

बच्चों को है आजकल, बचपन नहीं नसीब

फूल सरीखी पीठ पर, बस्ता हुआ सवार

बचपन पर लटकी हुई, दो-धारी तलवार

❧❧❧

मासूमों के साथ भी, करते हैं दुष्कर्म

कामातुर नर भेड़िए, अपराधी-बेशर्म

❧❧❧

गंदे नाले के निकट, पड़ा मिला नवजात

जैसे वन का फूल हो, नाम-पता अज्ञात

❧❧❧

ढोर चराते हैं कहीं, ढोते कहीं गिलास

बचपन आता ही नहीं, उन बच्चों के पास

❧❧❧

साफ धुले सज्जन बने, छिपा रहे हर खोट

गंदी फटी कमीज को, देते निस-दिन चोट

हर दाने पर लिख दिया, भरपेट का नाम

हैरत में डाले मुझे, ईश्वर तेरे काम

❧❧❧

पेड़ फलों को बेचते, नदिया बेचे नीर

सब ही खुद को बेचते, प्रश्न बहुत गंभीर

❧❧❧

मस्जिद आलीशान है, मंदिर आलीशान

टूटी मेरी झोपड़ी, न्याय नहीं भगवान

❧❧❧

करते कभी न चाकरी, करते कभी न काम

यहाँ निकम्मे पा रहे, सुख-सुविधा-आराम

❧❧❧

जहाँ शोर ही शोर हो, खो जाता है गीत

तलवारों की गर्जना, करती है भयभीत

सपनों में डूबी हुई, उम्मीदें भरपूर

नई-नई है जनवरी, अभी दिसम्बर दूर

❧❧❧

दुनिया तो बदली नहीं, बदल गया है साल

सूरज ने फेंका वही, फिर किरणों का जाल

❧❧❧

समय उड़ाकर ले गया, सिर के अनगिन बाल

ख़ाली होता जा रहा, सुन्दरता का ताल

❧❧❧

दादा जी कल चल बसे, दादी हैं बीमार

आँधी में छत भी उड़ी, चिंता में परिवार

❧❧❧

बदला कैलेण्डर मगर, वही पुरानी कील

वही पुरानी मछलियाँ, वही पुरानी झील

नए साल में उठ गई, आँगन में एक भीत

राम-लखन में अब नहीं, पहले जैसी प्रीत

❧❧❧

ईंट बनाता रात-दिन, बिना किए आराम

नए साल के जश्न में, कालू का क्या काम

❧❧❧

दिन अपने बदले नहीं, बदल गया है साल

वही आपकी चाल है, वही हमारा हाल

❧❧❧

फटी पुरानी शाल है, द्वार खड़ा नववर्ष

ओढ़ पुरानी शाल को, व्यक्त कीजिए हर्ष

❧❧❧

वही दिसम्बर-जनवरी, वही फरवरी-मार्च

नहीं फेंकती रोशनी, बिगड़ गई है टार्च

काजू-किशमिश-खोपरा, पिस्ता है खुशहाल

मुश्किल में है आज भी, सब्जी-आटा-दाल

❧❧❧

बड़ी-बड़ी हैं मछलियाँ, छोटे हैं तालाब

चुटकी भर है ज़िंदगी, मुट्ठी भर हैं ख्वाब

❧❧❧

गोरेपन की क्रीम से, बदल न पाया रंग

काले थे काले रहे, गोरे हुए न अंग

❧❧❧

महक रहे हैं शान से, यहाँ कागज़ी फूल

आम्रवनों में आजकल, केवल बचे बबूल

❧❧❧

ढूँढ रहे हैं आप यूँ, फोरलेन पर छाँव

जैसे कोई ढूँढता, महानगर में गाँव

थोड़ा रोना दे मुझे, थोड़ी दे मुस्कान

थोड़ा-थोड़ा दे मुझे, सुन मेरे भगवान

❧❧❧

टूटे दर्पण की व्यथा, बाँच सके तो बाँच

पत्थर ने चटका दिया, बोला था वो साँच

❧❧❧

पढ़ना-लिखना छोड़ के, राह पकड़ ले एक

राजीनीति की सड़क पर, अवसर खड़े अनेक

❧❧❧

बदल गई है ज़िंदगी, बदल गए अंदाज

कोयल ऊँचे दाम पर, बेच रही आवाज

❧❧❧

लेकर बैठी चोंच में, चिड़िया दाना एक

ज्यों निर्धन के हाथ में, लाखों का हो चेक

धन के आगे कुछ नहीं, रिश्ते-नाते प्यार

दरवाजा बनता यही, बनता यही दीवार

❧❧❧

सागर पर बारिश हुई, तरसा रेगिस्तान

भरे पेट को ही यहाँ, मिलते हैं पकवान

❧❧❧

छाया को उदरस्थ कर, निश्चल लेटी धूप

भरी दुपहरी में पड़ी, धर अजगर का रूप

❧❧❧

नंगों के दरबार में, कपड़ों का गुणगान

अंधों ने घोषित किया, नेत्र करेंगे दान

❧❧❧

देखा अपने शहर में, मैंने ढंग विचित्र

बदबू जिनके पास है, बेच रहे हैं इत्र

झरने-नदियाँ-घाटियाँ, हरियाली के थान

मुक्त हस्त से बाँटिए, हँसी-ख़ुशी-मुस्कान

❧❧❧

जरा याद तो कीजिए, अपने झूठ-फरेब

गिना रहे हैं आप तो, बस दूजों के ऐब

❧❧❧

बौने हैं मजहब सभी, बौने हैं भगवान

दुनिया में सबसे बड़ी, बच्चे की मुस्कान

❧❧❧

बंद नहीं हैं आज भी, वही सियासी खेल

मध्यकाल में जा रही, नई सदी की रेल

❧❧❧

खोद रहे हैं खाइयाँ, अंधी-गहरी आज

गाँव-शहर में हो गया, कट्टरता का राज

अंगारों सी धूप में, देता छाँव असीम

कितना मीठा लग रहा, देखो कड़वा नीम

❧❧❧❧

पर्वत-पर्वत धूप है, जंगल-जंगल धूप

झुलस रहा है आजकल, पगडंडी का रूप

❧❧❧❧

सूनी-सूनी माँग सी, सड़कें हैं वीरान

आतंकी सी धूप में, जलते रहे मकान

❧❧❧❧

धरती से आकाश तक, धूप-धूप बस धूप

सूख गये तालाब सब, सूख गये हैं कूप

❧❧❧❧

खत्म हो गया आजकल, शीतलता का कोष

गरम हवा ही शेष है, पंखे हैं निर्दोष

दोषी या निर्दोष हो, सब पर करती वार

सोच-समझ-संवेदना, रखती कब तलवार

❧❧❧

वादा तो करते रहे, ले जाएँगे पार

डुबो गए मझदार में, लेकिन खेवनहार

❧❧❧

राजा के दरबार में, दबी रही जो पूँछ

वही प्रजा के सामने, बनी हुई है मूँछ

❧❧❧

मैंने अपने शहर में, देखा ढंग विचित्र

बदबू जिनके पास है, बेच रहे हैं इत्र

❧❧❧

घर भरना आया नहीं, काम किया सौ टंच

नाहक ही क्यों बन गए, कालू तुम सरपंच

इंसानों में आजकल, बचा नहीं इंसान

भगवानों में क्या पता, कितना है भगवान

❧❧❧

बँधी हुई हर गाय पर, ढाता अत्याचार

चलती है केवल यहाँ, जंगल की सरकार

❧❧❧

फूलों ने धोखा दिया, बने हुए थे यार

गला काट चलता बना, गले पड़ा गलहार

❧❧❧

दो रोटी की आस में, छोड़ा था तब गाँव

लौटे वापस गाँव में, छाले लेकर पाँव

❧❧❧

चप्पल उठवाने लगे, भक्तों से भगवान

सिर चढ़कर है बोलता, सत्ता का अभिमान

पीतल को मिलने लगा, सोने का सम्मान

गुदड़ी में हीरा रहा, अनदेखा-गुमनाम

❧❧❧

माली की नाराजगी, फूल न ले तू मोल

उसकी आज्ञा के बिना, पंखुड़ियाँ मत खोल

❧❧❧

माला फूलों की पहन, मुख पर धर मुस्कान

घूम रहे मूषक यहाँ, अपना सीना तान

❧❧❧

माया से लिपटे मिले, ज्ञानी-संत-महंत

इनके लालच का नहीं, देखा हमने अंत

❧❧❧

माली की मर्जी बिना, खिले यहाँ जो फूल

माली ने रौंदा उसे, और चटाई धूल

चुप रहतीं पगडंडियाँ, चुप रहती गड़वाट

राजपथों के गीत जब, गाते चारण-भाट

❧❧❧

लोकतंत्र की रोशनी, महलों में है बंद

पेड़ों पर प्रतिबन्ध है, किन्तु हवा स्वछंद

❧❧❧

मोर ख़ुशी से नाचता, वन में पंख पसार

नहीं चाहता नाच को, देखे यह संसार

❧❧❧

तन की दौलत धूप है, ढल जाती है शाम

मन की दौलत ही सदा, आती सबके काम

❧❧❧

हर दिन हम चलते रहे, यूँ सूरज की ओर

चलते-चलते आ गई, निकट हमारे भोर

सूरज लोहित हो गया, लोहित अब आकाश

सारे जग को बाँधता, किरणों का यह पाश

❧❧❧

सड़कों की परवाह हम, करते नहीं हुज़ूर

कटे सफ़र में जिंदगी, मंजिल चाहे दूर

❧❧❧

लेकर जाए कब-किधर, मुझे वक्त की धार

पता मुझे कुछ है नहीं, क्या बतलाएँ यार

❧❧❧

पीछे छूटा जा रहा, भीड़ भरा संसार

आगे सूरज ले खड़ा, किरणों का उपहार

❧❧❧

टूटी-फूटी हो सड़क, या दुरुस्त हो राह

चलना है हर हाल में, हमें नहीं परवाह

आटा पातीं दान में, पाती हैं वे तेल

समझ न पातीं चींटियाँ, हाथी का ये खेल

☙☙☙

पाना है मंजिल मुझे, मेरी इतनी चाह

सूरज दिखलाता चले, मुझको मेरी राह

☙☙☙

दुख ही दुख देता रहा, निष्ठुर है भगवान

फिर भी हम करते रहे, उसका ही गुणगान

☙☙☙

लड़ने वाले मर गए, मरे नहीं हथियार

बहकावे में आ गए, भाले-तीर-कटार

☙☙☙

टुकड़ों-टुकड़ों में बँटा, अब तो सारा गाँव

खेल सियासी खेलते, लगा रहे सब दाँव

मर जाएँगे जब सभी, किस पर होगा राज

बचे रहेंगे बस यहाँ, सन्नाटों के बाज

❧❧❧

मरे हुओं को नोंचने, नहीं बचेंगे गिद्ध

युद्धों की बरबादियाँ, क्या करती हैं सिद्ध

❧❧❧

अपनी मोटी खाल से, गैंडा है बदनाम

आती उसकी खाल तो, इंसानों के काम

❧❧❧

चढ़ा हुआ यह रंग अब, उतरेगा किस ढंग

आपस में उलझे हुए, जाने कितने रंग

❧❧❧

नहीं हमारी रोशनी, नहीं हमारे दीप

अँधियारे ही आज तक, अपने रहे समीप

बाहर भी दीवार थी, भीतर भी दीवार

लगी हुई थीं साँकलें, बंद सभी थे द्वार

❧❧❧

कीचड़ में सब ही सने, कीचड़ रहे उछाल

कीचड़ से ही खेलते, कोई नहीं मलाल

❧❧❧

आग लगाते ही रहे, नहीं बुझाते आग

रहे आग से खेलते, किन्तु रहे बेदाग़

❧❧❧

लगती थी जो गुनगुनी, लगती थी जो रंक

वही धूप तो आजकल, फैलाती आतंक

❧❧❧

धोखा उसने दे दिया, जिस पर किया यकीन

फिसल गई है हाथ से, विश्वासों की मीन

आभासी हैं खिड़कियाँ, आभासी हैं द्वार

जैसा है वैसा नहीं, दिखता यह संसार

❧❧❧

आदमकद परछाइयाँ, यह बौना का देश

लम्बे कद वाले नहीं, पाते यहाँ प्रवेश

❧❧❧

आसमान की छत मिली, मिला धरा का फर्श

सच्चाई पत्थर बनी, हवा हुए आदर्श

❧❧❧

यहाँ धूप पसरी हुई, वहाँ धूप है तंग

धरती सबकी एक सी, लेकिन कितने रंग

❧❧❧

सूरज उसकी जेब में, करता है आराम

अंधकार से आजकल, चला रहे हैं काम

भूखी भेड़ें खोजती, जंगल-जंगल घास

केवल वादे ही बचे, चरवाहों के पास

❧❧❧

बुझा रहे हैं भद्रजन, घासलेट से आग

डसने को तैयार हैं, श्वेत वर्ण के नाग

❧❧❧

खेल रहे हैं लोग फिर, वही पुराने खेल

मध्यकाल में जा रही, नई सदी की रेल

❧❧❧

डंका अपनी नाम का, बजवाता हर बार

इक चूहे को चाहिए, हाथी का विस्तार

❧❧❧

जात-धरम को जानकर, बदल रहे व्यवहार

नहीं रह गया आपको, मानवता से प्यार

पुख्ता ही होती गई, नफरत की दीवार

नफरत आगे दौड़ती, छूटा पीछे प्यार

❧ ❧ ❧

एक पाँत में हैं खड़े, गाँधी-हिटलर-बुद्ध

नहीं प्रेम ही शुद्ध है, नहीं घृणा ही शुद्ध

❧ ❧ ❧

आई फिर से लौटकर, लिपटी तन से शीत

छोड़े से छूटे नहीं, रही पुरानी प्रीत

❧ ❧ ❧

मुझसे मेरी रात का, माँगो नहीं हिसाब

आँसू से लिखता रहा, दुख की एक किताब

❧ ❧ ❧

नंगे लोगों के लिए, परदे हैं बेकार

बेशर्मों के सामने, रही शर्म लाचार

कल का ज्यादा सोच मत, खो देगा तू आज

कहीं तुझे ना ले उड़े, चिंताओं के बाज

❧❧❧

बना रहूँ सेवक सदा, बनूँ नहीं सम्राट

सोऊँ इसी जमीन पर, नहीं चाहिए खाट

❧❧❧

ठंडे-ठंडे दिन गए, हुआ शीत का अंत

चुपके-चुपके आ गया, फूलों भरा बसंत

❧❧❧

इनका गुंडाराज है, उनका गुंडाराज

इधर नोंचते गिद्धगण, उधर झपटते बाज

❧❧❧

चाकू से तरबूज का, यही रहा व्यवहार

सदियों से तरबूज को, काट रहा है यार

कभी धूप से दूरियाँ, कभी धूप का गान

जब तक जो अच्छा लगे, वही सही दिनमान

❧❧❧

तोप आपके पास है, बम है मेरे पास

मौसम को होने लगा, खतरे का आभास

❧❧❧

पहले जैसी बात अब, नहीं रह गई यार

छोटी-छोटी बात पर, होती है तकरार

❧❧❧

कहाँ भरोसा जा बसा, कहाँ गया वह प्यार

अब दोनों के बीच में, तनी हुई तलवार

❧❧❧

आता-जाता है नहीं, कोई भी इस ओर

मेरे भीतर गूँजता, ख़ामोशी का शोर

लाल-गुलाबी-बैंगनी, फूलों के अंबार

खुले हुए हैं आजकल, मुस्कानों के द्वार

❧❧❧

अमराई में आजकल, कोयल गाती फाग

फागुन गुपचुप रच रहा, टेसू वन में आग

❧❧❧

बकरा उसने ले लिया, इसने ले ली गाय

बकरों-गायों से नहीं, लेता कोई राय

❧❧❧

तेरे जालिम शहर का, ये कैसा दस्तूर

हथकड़ियाँ उनको मिली, जिनका नहीं कसूर

❧❧❧

रावण हम किसको कहें, किसे कहें हम राम

दोनों के तो हो गए, मिलते-जुलते काम

सरदी-गरमी-बारिशें, सब हैं दुश्मन यार

हर मौसम ही आजकल, ढाता अत्याचार

❧❧❧

शहरों में हम आ गए, छोड़ चुके वह छाँव

यादों में बस रह गए, पीपल-बरगद-गाँव

❧❧❧

खट्टे सारे फल बिके, बिके न मीठे आम

मामूली चीजें बिकीं, पाकर ऊँचे दाम

❧❧❧

प्रियतम तेरी प्रीत पा, भूले आटा-दाल

सपने सच्चे लग रहे, ये दुनिया जंजाल

❧❧❧

मन पर है चलता रहा, बेचैनी का राज

हमें नोचते ही रहे, चिंताओं के बाज

माँग लीजिए फूल से, थोड़ी हँसी उधार

धूल उदासी की झड़े, उतरे थोड़ा भार

❧❧❧

नींद उड़ी रातें मिली, मिले घात पर घात

तन्हाई में दिन कटे, तन्हाई में रात

❧❧❧

सबकी अपनी धूप है, सबकी अपनी छाँव

हमें कुचलते ही रहे, तकदीरों के पाँव

❧❧❧

कभी धूप विजयी हुई, कभी गई वो हार

हार-जीत चलती रही, मौसम के अनुसार

❧❧❧

फीके होकर रह गए, तस्वीरों के रंग

समय बीतने पर लगे, लोहे में भी जंग

चंदा तुझको देखकर, कट जाती थी रैन

बीच अमावस आ गई, मन मेरा बेचैन

☙❧☙❧

चाँदी जैसा रंग है, थाली-सा आकार

देख रही है चाँद को, दुनिया बारम्बार

☙❧☙❧

चंदा रचता चाँदनी, सूरज रचता धूप

दोनों ही देते रहे, जग को सुंदर रूप

☙❧☙❧

आसमान में देखिए, चंदा का है राज

पहनाया उसको गया, चाँदी वाला ताज

☙❧☙❧

चंदा लेकर आ गया, तारों की बारात

धरती बेसुध हो गई, ले चाँदी-सा गात

तारे गायब हो गए, गए गगन को छोड़

शायद चंदा सो गया, मेघ-रजाई ओढ़

❧❧❧

'ओ' किताब से उड़ गया, बना व्योम का भूप

चाँद बन गया रात में, उजला उसका रूप

❧❧❧

रोज़ भला क्यों बदलता, अपना यूँ आकार

बच्चे चंदा देखते, अचरज से हर बार

❧❧❧

बाहर वो करते रहे, उजियारे का गान

लेकिन भीतर दे रहे, अँधियारे को मान

❧❧❧

नंगों के दरबार में, गायब शर्म लिहाज

बैठे हैं सारे यहाँ, नंगों के सरताज

तब लिखते थे चिट्ठियाँ, अब करते ई-मेल

नया समय सिखला रहा, नए-नए नित खेल

❧❧❧

तकलीफों की पोटली, देता वह यों खोल

भीख दया की माँगता, बजा-बजा ज्यों ढोल

❧❧❧

पूज रहे हैं आजकल, भक्तों को भगवान

भक्तों में भी आ गया, रावण-सा अभिमान

❧❧❧

मंदिर तेरा बन गया, मेरा नहीं मुकाम

सदियों से लेता रहा, फिर भी तेरा नाम

❧❧❧

तेरे दिल के पास है, मेरे मन का चैन

अक्सर तेरी याद में, भीगे मेरे नैन

पीड़ा लिपटी सुबह है, पीड़ा लिपटी शाम

पीड़ा ने पाया नहीं, जीवन भर आराम

❧❧❧

हैवानों के साथ हैं, भाले-चाकू-तीर

इंसानों के साथ में, केवल एक कबीर

❧❧❧

भूखों की ले रोटियाँ, भाग गए शैतान

इसलिए तो रह गया, भूखा ही इंसान

❧❧❧

चप्पल जिनके पास हैं, चलते नंगे पाँव

जो हैं नंगे पाँव ही, गए धूप के गाँव

❧❧❧

कहना था कुछ और ही, कह बैठा कुछ और

साथ छोड़ते ही नहीं, दुविधाओं के दौर

चाकू छोटा आदमी, बहुत बड़ी तलवार

तलवारों की चाकरी, चाकू करते यार

❧❧❧

सेवा में तलवार के, भाले-चाकू-तीर

लिखती है तलवार ही, इन सबकी तकदीर

❧❧❧

चाकू सब्जी काटते, सिर काटे तलवार

तलवारों के सामने, चाकू जाते हार

❧❧❧

तलवारों की आँख में, अंगारे भरपूर

राख न कर दे आपको, रहना उससे दूर

❧❧❧

चुप्पी तेरी बोलती, शब्द हुए बेकार

चुप्पी से तुमने किए, जाने कितने वार

तोप और तलवार के, रिश्ते हैं मजबूत

युद्ध हो रहे नित्य ही, व्यस्त बहुत यमदूत

❧❧❧

होती है तलवार की, तलवारों से बात

वे बतलाती रोज ही, चाकू की औकात

❧❧❧

आखिर दीपक बुझ गया, बचा न उसमें तेल

ये जीवन है कुछ नहीं, सिर्फ़ तेल का खेल

❧❧❧

छतें टिकीं हैं आज तक, ले सदियों का भार

बना कतारें हैं खड़े, हर खंभा-दीवार

❧❧❧

मेवा बिन सेवा नहीं, करते सेवकराम

सेवा के भी चाहिए, उनको तगड़े दाम

जब से देखा धूप में, उसको नंगे पाँव

याद रही बस धूप ही, भूल गया मैं छाँव

❧❧❧

शब्द लगाते आग को, शब्द बुझाते आग

शब्द उजाड़े बाग को, शब्द लगाए बाग

❧❧❧

नींद अजनबी की तरह, रही आँख से दूर

चिंताओं के जाल में, उलझे रहे हुजूर

❧❧❧

कहीं बिछाती चाँदनी, कहीं बिछाती धूप

हैरत में डाले मुझे, कुदरत तेरे रूप

❧❧❧

किसको मैं सागर कहूँ, किसे कहूँ मैं झील

छूट गई है हाथ से, शब्दों की कंदील

मौसम ने इस दौर में, बदले कई मिजाज

जैसी थी वैसी रही, ये अपनी आवाज

❦❦❦

भावों का होता नहीं, जब शब्दों से मेल

बड़ा कठिन लगता मुझे, शब्दों का ये खेल

❦❦❦

घुटी-घुटी सी सुबह है, घुटी-घुटी सी शाम

पेड़ों को मिलता नहीं, गमलों में आराम

❦❦❦

महक रहा है मोगरा, मेरे घर के द्वार

बदबू का मुँह बंद है, लगती है लाचार

❦❦❦

मीठी-कड़वी-मखमली, कोमल-महीन-कठोर

आवाज़ों का सिलसिला, फैला चारों ओर

मुख पर बातें प्यार की, अन्दर है हथियार

जैसे मखमल में रखी, धारदार तलवार

❧❧❧

दीवारों से ही सदा, जुड़ती है दीवार

दीवारें कब मानतीं, नीवों का आभार

❧❧❧

गिद्ध-भेड़िए-लोमड़ी, बिच्छू-भालू-साँप

गाँव-शहर में हर जगह, समय रहा है काँप

❧❧❧

छाया चाही आपने, मिली आपको धूप

दुनिया में किसको मिला, आशा के अनुरूप

❧❧❧

छत ने झेली बारिशें, दीवारों ने भार

इसीलिए साबुत बचा, भीतर का संसार

www.ingramcontent.com/pod-product-compliance
Lightning Source LLC
Chambersburg PA
CBHW031443150726
47990CB00007B/2584